El santo horror

COLECCIÓN LENGUA DE AGUA · 11

El santo horror

Leonardo de León

eolas
ediciones

A Santiago Cardozo y Sandino Núñez

Lo que es algo [...] es ya una mediación, y es precisamente ésta la que inspira un santo horror.

G. W. HEGEL

Duelo

Había una vez un coágulo en el día
un níspero neurótico sin traje
un cielo desatando su salvaje
verdad incandescente, aunque no mía.
Había una vez un *porque,* un *todavía*
un *búscame* furioso en el oleaje
el *fuimos* de un *seré* y un *es* de viaje
abierto y circular por la bahía.
¿Qué fue de aquella huella en lo profundo
el reino que el poeta había perdido?
¿Qué trino nos convoca? ¿Dónde ha ido
la presa, el hueso último del mundo?
Había una vez un cuento en el gentío.
Había una vez un pájaro. Dios mío.

La pesadilla
colma su horror. Despierto.
¿Vuelvo al Edén?

Transfusión

Te pájaro si jaulas mis temores
te arroyo las riberas si me hambrunas
te sorbo en un eclipse cuando lunas
te huerto si me ciénagas favores
de noche te concierto y me guitarras
de un salto me rayuelas, te escarpelo
te omóplato y me espaldas y te cielo
me nubes y te anzuelo y me mojarras
te vidrio cuando a veces me ventanas
me sábanas, te círculo y te fuego
te griego, me latinas, te noruego
me avispas la babel de las mañanas.
Y ayuno cuando harinas, no te espejo
si acaso madrigueras, te conejo.

La realidad
me asombra si la encuentro
desprevenida.

Anstoß

Al principio fue el verbo, estaba quieto
soñando en un recodo del vacío
mi dios desde otro dios por un gentío
de cosas deletreaba el alfabeto.
Sin orden, sin escala, sin objeto
el Todo rebosó su propio río
el tiempo dijo *tiempo*, el frío *frío*
y el árbol no creció, nació completo.
Ya ha sido lo que es, ya fue la historia
de tu llanto a la tumba, un parpadeo
se repone el jadeo en tu jadeo
mide un paso tu larga escapatoria.
Ahí el umbral que inicia y que te cesa:
el poema y tu verbo y la promesa.

Ya tengo escrito
mi último poema
falta el primero.

Sehnsucht

El mundo me rodea y vivo afuera.
Conozco el mar, el sol, la indiferencia
lo dulce, la sorpresa, la violencia
el fruto del error, la tos, la espera
el ámbar del durazno, la sincera
mentira, el pan, el luto, la cadencia
de una línea imprecisa en la secuencia
por la arena que cesa y me reitera.
Me dieron los milagros, sigo vivo
pero torpe y periódico, la ofrenda
del día se reduce a mi leyenda:
la historia de otro hombre sin motivo.
Mis dones, los de hoy, serán mañana
desaliento que empaña la ventana.

Cuánto me queda
pregunto y la pregunta
consume el día.

Autorretrato(-)

No tuve sarampión, no voy a misa
no creo en la verdad ni en el destino
no sueño casa propia, no patino
no plancho mi camisa ni mi risa
no fumo, nunca tiento la cornisa
no gano, no me animo, no domino
no me como las uñas, no imagino
la pira, la vasija, la ceniza.
Tampoco soy un yo, nunca lo he sido
mi sombra se revuelve en el espejo
negado y renegado me asemejo
al polvo del altillo: bailo herido.
No pretendo la paz ni la abandono
no culpo y sin embargo no perdono.

Tengo el remedio:
olvidarme de mí
hasta ser yo.

Lo real

El símbolo mató la noche pura
la luz brilló en su nombre y el opuesto
la sacra oscuridad quebró el incesto
del tiempo y su continuo de armadura.
Remordido en el sol de su negrura
al fondo del lenguaje un vago resto
denuncia su vacío: el filo puesto
bajo el pliegue que niega la sutura.
Así cuando te beso hay otra boca
afónica y lejana, un alfabeto
urgente por hablar y te someto
a la herida en la lengua que te toca.
Desnudos devoramos la mordaza
para hablar la mudez que nos reemplaza.

El mar esculpe
su ola en el derrumbe
triunfa perdiendo.

Falta

Nunca dije mi pena, mi otra pena
la pena minuciosa sin idioma
esa fiebre torcida que desploma
gramáticas en cantos de sirena
ese ruido, esa hiena, esa gangrena
ubicua entre los gestos, esa coma
que pausa los pasillos, ese aroma
a hematoma en el caldo de la cena.
Ventrílocua me dice y la desdigo
a medias como a medias cuento el chiste
y ríen y me río pero triste
de verme siendo un hombre y su testigo.
Dos penas para un cuerpo, palimpsesto:
la dicha y la desdicha. Y yo el resto.

Siempre que digo
me equivoco. Si acierto
es por error.

Babel

Un ensayo de Octavio en la mochila
Teillier se duerme al sol sobre la mesa
un cráter de Bukowski en la cabeza
en el cuarto un Spender que vigila.
Taciturno Vallejo se deshila
prepara el anaquel para la tiesa
mirada de Juarroz que me interesa
si Borges me reclama y me mutila.
Las páginas plurales y una misma
eterna enfermedad de fiebre blanca.
¿Qué propone la tinta cuando arranca
vacíos de la página que abisma?
¿Qué voz impulsa atroz la correntada
de un libro, ese preámbulo de nada?

Abro palabras
las cruzo, cierro, sigo
se quedan solas.

Conversación

Un volumen de Simmel sobre Goethe
Julio Herrera y Reissig de Eduardo Espina
La náusea, *El capital* y en una esquina
un tal Virgilio Publio que promete.
Calvino junto a Svevo tan tocayos
discuten sobre Zeno y un barón
rampante como el hoy, Eloy Tizón
que atiza a Luis Loayza y sus *Ensayos*.
Un Aira en *Los misterios de Rosario*
se airea por los *Cuentos* de Rey Rosa
y *El nombre de la rosa* en la dudosa
compañía de Byron y *El corsario*.
Bolaño *A la intemperie* con Villoro
¡tan cerca de *La isla del tesoro*!

Una laguna
¿será acaso un olvido
en el paisaje?

Esdrújulo

Mañana nítida y el verso adánico
sobre la página se queja afónico
revuelvo rítmico el café sincrónico
busco una fábula para mi pánico
eludo al prójimo por lo satánico
escribo pálido por lo antagónico
me dicen cálido pero ando agónico
me creen un vértigo, me muero oceánico
entre paréntesis espero ingrávido
(quietud atlética de lo alfabético)
palabras cóncavas para lo estético
la voz, la música del nombre ávido:
desde lo mínimo de cada célula
vendrá el relámpago de la libélula.

Si Atlas se rinde
el mundo cuesta abajo
dará con Sísifo.

Ajedrez

A Miguel Avero

El rey de paso corto, los alfiles
soslayos, el caballo y su estocada
la torre en una esquina vigilada:
vigía de peones infantiles.
Los que juegan enrocan los fusiles
del tiempo que dispara la jugada
la reina que será decapitada
ignora el movimiento (uno de miles).
Entre el negro y el blanco la partida
revela el gris perverso de la suerte:
un azar acerado por la muerte
un teorema deforme en nuestra vida.
¿Quién empuña la mano que recuesta
al rey sobre el tablero sin respuesta?

¿Los decimales
serían adjetivos
de los enteros?

Rastro

Un pasado que sueño va delante
otro viejo futuro queda atrás
desgasta mi presente su disfraz
de presente y presente a cada instante.
Ayer se ha completado, ya distante
sobrevuela la tarde su rapaz
y póstumo apetito. Hoy quizás
engendre otro mañana semejante.
Nadie cruza dos veces este río
que arrastra y se reencuentra en la diversa
jornada que te cierra y te dispersa
como un pájaro libre en el vacío.
Un día, un aleteo, un ir a ciegas
hacia el ala agotada que despliegas.

Pobre reloj
jamás ha conocido
el tiempo libre.

Síncope

Es sábado. Despacio. El sol asoma.
O es lunes. Busco nada. Aspiro el humo.
O es tarde. Ruido. Calle. Me perfumo
el miedo con la carne. Una paloma.
Y adónde. Me respondo. Se desloma
la noche en mi herradura. Y otro grumo
de luna. Llama. Aguarda. Resto. Sumo
solo puntos y comas al idioma.
¿Qué calla? Rabio. Rondo. Alzo la mano.
Otra mano. Reflejo del saludo.
Un hiato entre los dedos. Voy tan viudo
de calma. Cuánto horror para el gusano.
Mi casa. Puerta. Y Abro. Cierro el pacto.
La cama. El libro. Leo. Duermo intacto.

Es un misterio
por qué el misterio insiste
en estar solo.

Padre

Me cuesta levantarme, dar un paso
me pesa la persiana, la camisa
qué tristes mis botones, cuánta prisa
de hierro en lo minúsculo del vaso.
Me cuesta abrir el pan, cada pedazo
de cristo que me trago es una misa
y cuesta dar la mano a la sumisa
cabeza de la gata en mi regazo.
Tender la cama cuesta, pesa un año
lidiar con los pestillos, toneladas
y ser de carne y muerte cuesta heladas
mañanas a la vera del rebaño.
De cuesta en cuesta pesa ser el hijo
de un padre que martilla el crucifijo.

Un punto pone
a descansar la frase
que me desvela.

A mi padre

Dejaste un alba quieta sin estreno
tu voz plural, un eco visitante
el hueco delator en la jadeante
almohada y un fulgor después del trueno.
Rompiste la unidad: en el sereno
acuerdo entre tu cuerpo y el errante
espíritu encontraste una inquietante
discordia y escapaste. No te peno
solo busco la cara de esa grieta
invisible al recuerdo, la salida.
¿Adónde fuiste, padre? Cada vida
que invento se despeña y te sujeta.
¿Qué código, qué clave, qué acertijo
da a tu reino tan huérfano de hijo?

Te fuiste a tiempo
te salvaste de un mundo
sin tu presencia.

Eso

En el centro del coso vi la cosa
brillante y adjetiva como un coso
la cosa que me suple, ese furioso
pronombre aunque de cosa esplendorosa
el nexo en cada coso no reposa
adverbio de su cosa en el reposo
repasa el coso entero, el numeroso
calor para mi cosa sospechosa.
De pronto el coso es algo, algo furtivo
y el algo el coso ausente pero algo
uso el verbo y la cosa que cabalgo
con el coso revuelca al sustantivo.
El algo es definido, el coso cierto
la cosa bien lo sabe, pero ha muerto.

Este es mi oficio:
contarle todo a nadie
cuando no estoy.

Casa

La ducha que martilla su gotera
el aire que embaraza nuestra manta
un trago en la fracción de tu garganta
el fuego torturando la madera
tu paso en *déjà vu* por la escalera
el íntimo reloj que me adelanta
el día en otro día que suplanta
el chiste detenido en primavera
y esta casa que insultas y enamoro
y el pan como un temblor sobre la mesa
una letra en la sopa se confiesa
indigna del poema que demoro
y tantas, tantas cosas en secreto
mirándonos afuera del soneto.

¿Qué es la poesía
sino lo que no(s) habla
desde el lenguaje?

Umbral

Catorce son las puertas del soneto
y hay trece cerraduras que tropiezan
me quedan doce llaves, aunque cesan
las once en once sílabas que objeto.
Ya restan diez, ¿o nueve?, no concreto
y dudo ante las ocho que bostezan
las siete disponibles se confiesan
indignas de las seis que les prometo.
La quinta dedo a dedo me deriva
al pie de un vago cuatro, tembloroso
el tres me alienta (soy supersticioso)
acaso el dos binario me cohíba.
Y así, por fin, sin más, abro la puerta:
fue inútil cada llave, estaba abierta.

Corrijo el cuadro
y enseguida la casa
queda torcida.

Decir

El árbol de Saussure soñó su fruto
y el fruto cayó al borde del sonido
cayó y calló rodando sin sentido
ni tiempo ni figura ni atributo
viajó por el idioma como un luto
rogó por la palabra y su latido
entonces le di un *fruto* repetido
mordí el sabor del bruto sustituto.
Así con los milagros, les concedo
la forma que los dice y los vacía
mi sol se cae del árbol de otro día
afónico y oscuro como el miedo.
La luz sobre los hombros nunca llega
al hombre: toca al nombre que lo niega.

Hay un momento
en que el bosque se cierra
me deja afuera.

El extraño

Como un pálido cráter, nuestra luna
inmiscuye su cóncava retina
dibuja suavemente la colina
con luz especular de quien ayuna
a otro lado el mundo. No hay ninguna
migaja que nos guíe hasta su ruina
¿ese extraño también nos imagina
fabulando su cara inoportuna?
Sol y luna comparten la moneda
absorta en el silencio del espacio
que agónica y fatal gira despacio
de una cara a la cara que la hereda.
Nosotros y el extraño: misma luz
misma cara borrada cruz a cruz.

Mi barco ebrio
por fin toca la tierra
y el mar naufraga.

Variación de El extraño

Qué mira la deidad por la mañana
si la noche se asoma en paralelo
por un confín del mundo, y un recelo
idéntico perturba la ventana.
En un ojo la luna que se ufana
glacial como un panóptico de hielo
en el otro la luz de un nuevo cielo
incinera una nube y la desgrana.
Será que nos contempla desde un alba
continua de un ocaso que no cesa
un término gemelo a su promesa
un crimen que no mata ni te salva.
Dios escruta, aunque ciego, su impotente
pupila que no sabe y que no miente.

Era tan triste
que elegía elegías
sin redundancia.

Mudez

Las palabras detestan al poeta
tan pródigo en sospechas y comillas
olvidan, amordazan maravillas
al pie del diccionario: esa indiscreta
memoria que enumera analfabeta
su bosque detenido y sin orillas
poeta es solo un árbol de rodillas
carnada para el rayo que lo agrieta.
Qué miedo si la luz no dice nada
y nada un manantial para otro miedo
ahogado en claridad, señala el dedo
la sombra de su mano renombrada.
¿El nombre nace mudo? ¿Cada boca
siembra gritos al bosque que sofoca?

Hay algo opaco
entre el cielo y la tierra
está muy claro.

Dianoia

Soy ser, soy sed, soy fiel, y a quién le entrego
la tos, la sal, la piel que me lacera
la luz, la ley, el bien, si no hay manera
de ver ni amar ni dar lo que me niego.
Soy pan, soy rey, soy dios, y solo luego
el yo y el tú y usted y nadie espera
ni mar, ni don, ni ajuar, me miro afuera
del juez, del buey, del pus de mi sosiego.
Mi sien, mi flor, mi miel, cómo te digo
que voy según el lápiz y el desgarro
si ayer, después, fui hoy el que del barro
nació siamés conmigo y lo castigo.
Qué doy, qué más, no sé, qué fe hay detrás
qué grial, qué horror, qué tez bajo el disfraz.

Un parpadeo:
relámpago de sombra
luz que descansa.

Sospecha

En el sueño moría como un perro
la sábana emulaba mi mortaja
el aire despertó con su navaja
dos tajos de vigilia. Desentierro
los ojos de la cama. No me aferro
al cuerpo que obedece. La migaja
del día concedido se rebaja:
alquimia del revés, del oro al hierro.
Bajo el suelo la fosa que aglomera
famélica mis pasos, uno a uno,
prepara el accidente que consumo
como un fuego viajando a su madera:
el féretro me muerde los talones
deprava y alimenta las razones.

Me sobra tanto
y hay tanto que me falta
¿cuál es la cuenta?

Éxtimo

Entre el labio y la voz, entre la orilla
y el rastro innumerable de la arena
entre el cuerpo y la silla que lo apena
entre el filo y la luz que lo acuchilla
entre pecho y espalda, la semilla
y el árbol que la usurpa y enajena
entre el hambre y la pausa de la cena
el alba y su siamés: la pesadilla
entre el todo y la nada, entre la nota
y el aire que rasguea su reposo
entre el café, la taza y el ansioso
vapor como un fantasma que se agota
allí, en la encrucijada, en el dilema
inmóvil, el tumulto del poema.

Te toco y rozas
mi mano. ¿Quién es dueño
de la caricia?

Formas

Un nube con forma de cerrojo
donde el cielo se encoge y me vigila
se funde con la nube que fusila
la llave que imagino de reojo.
A la izquierda, más lejos: ¿un manojo
de anzuelos? ¿una torre? ¿una anguila?
mi fábula deshila y descarrila
por engendros que mutan a su antojo.
Cada nube se ofrece a su contorno:
el río que en el barro se unifica
en lo alto separa y multiplica
su fantasma de fuga y de retorno.
El agua desespera bajo el cielo
y el hombre arroja y muerde su señuelo.

Todo poema
comienza siendo algo
impronunciable.

Listado

Objetos por demás encantadores:
el trébol, el dedal, la pajarera
la tilde, tus sandalias, la bañera
la espuela, el tobogán, los corredores
los broches, los botones, los licores
en mínimas botellas, la tijera
el ábaco, el pestillo, la chistera
la higuera, los balcones y ascensores
la bazuca y la mosca, la probeta
la manguera, la horca y el silbato
la sal, el ñú, la hoz, la cruz, el pato
la banana, el pepino, la escopeta
el taxi, los cigarros, las revistas
las liendres, los andamios y las listas.

¿Cuántas ideas
le caben a la taza?
¿Cuál la desborda?

Término

El fin. ¿Será verdad cuando me muera?
¿Cómo pensar no ser si siempre he sido?
La fiera que presume mi apellido
presiente la mordida de otra fiera.
Mientras tanto, mi dios, dame una idea
que arrope tu vacío prometido
hostigo con la sílaba el torcido
ojal de la camisa que jadea.
Reescribo las palabras y mi vida
la dura sinrazón, la blanda llaga
y el verso en otro verso me naufraga
herida sobre herida sobre herida.
Un día más de menos, doble cuenta:
la del cuerpo y la fiera que alimenta.

Adán es Nada
leído del revés
y Eva es un Ave.

Clínico

Mi verso convalece de urticaria
de lupus, de cirrosis, meningitis
delirio paranoide, rabia, otitis
hepatitis y anemia refractaria
febrícula (tal vez hereditaria)
apnea y halitosis, vasculitis
malaria, vitiligo, reuma, orquitis
deficiencia de luna coronaria
y un cáncer de imposible y una llaga
fantasma por el asma y un goteo
de prójimo en el bazo: un mausoleo
que infecta la retina y la naufraga.
Sin cura el verso espera, espera el alta
sufre el verso de sobra que le falta.

La luz perfora
la espalda de la noche
guiña la herida.

Unheimlich

Un golpe, un corte, un golpe. Mi latido.
La máquina, un galope que domina.
Sonámbula la sangre en una esquina
del cuerpo traga sangre, un mismo ruido.
La misma sed saciada, el repetido
ritual de lo que duerme y asesina
sin odio, sin edad. ¿Qué me adivina
sujeto a su fluir? ¿Cómo he vivido?
Me ahoga el don del agua. Temo al vaso.
Le temo a una manzana, al apetito.
Un trago, un corte, un trago: un infinito
mordisco rumia al alba en el ocaso.
¿Qué busca mi latido? ¿Qué despierta
a la vida en la vida que está muerta?

Sobre el paraguas
el morse de la lluvia
dice: *me ahogo.*

Póstumo

Vendrá por fin la muerte sigilosa
con aire de Esculapio y de tijera
y al filo de mi sangre, casi afuera
diré: por qué tardaste. Cada cosa
fue díscola y amarga. No hubo rosa
ni beso ni perdón que no doliera.
Oh muerte, ¿me creerías si dijera
que me hueles a cuna y a carroza?
Al grano, ya desármame los hombros
aplástame los dientes, roba el fuego
haz sebo de mis ojos para luego
roer la voz pegada a mis escombros:
tan rígido tu frío, y tan tibio
hoy muero, te me mueres, y qué alivio.

Desde que habló
para crear la luz
yace en las sombras.

ACLARACIÓN Y AGRADECIMIENTOS

Para esta edición de *El santo horror* he sometido a rigurosa revisión los textos del original. Propuse nuevos títulos, cambié versos enteros, varié su disposición y sustituí algunos poemas a los efectos de equilibrar y robustecer su núcleo temático.

Gracias a los amigos que leyeron y criticaron debidamente cada una de las versiones.

Gracias a María Inés Volpe, agente paciente y abnegada.

A Jessica, Martha, Martina, el agradecimiento y el amor de cada día.

Al alma eterna de mi padre, hoy, a los 71 años de su nacimiento.

LdL, Minas, 17 de noviembre de 2025

ÍNDICE

Colección Lengua de Agua · 11

1ª edición: diciembre de 2025

© de esta edición: EOLAS ediciones

www.eolasediciones.es

Dirección editorial: Héctor Escobar
Coordinador de la colección: Víktor Gómez
Consejo editorial: Jordi Doce, Javier Gil, Laura Giordani,
Yaiza Martínez, Olga Muñoz, Benito del Pliego
Ilustración y diseño de cubierta: Nathalie Bellón Hallu
Maquetación: Alberto R. Torices

ISBN: 979-13-87753-67-2
Depósito Legal: LE 540-2025

Impreso en España